Ronny Müller

Analyse des Buches "Die Römische Republik" von Michael Crawford

GRIN Verlag

Bibliografische Information der Deutschen Nationalbibliothek:

Die Deutsche Bibliothek verzeichnet diese Publikation in der Deutschen National-
bibliografie; detaillierte bibliografische Daten sind im Internet über http://dnb.d-
nb.de/ abrufbar.

Impressum:

Copyright © 2012 GRIN Verlag GmbH
Druck und Bindung: Books on Demand GmbH, Norderstedt Germany
ISBN: 978-3-656-35204-4

Dieses Buch bei GRIN:

http://www.grin.com/de/e-book/205455/analyse-des-buches-die-roemische-republik-
von-michael-crawford

GRIN - Your knowledge has value

Der GRIN Verlag publiziert seit 1998 wissenschaftliche Arbeiten von Studenten, Hochschullehrern und anderen Akademikern als eBook und gedrucktes Buch. Die Verlagswebsite www.grin.com ist die ideale Plattform zur Veröffentlichung von Hausarbeiten, Abschlussarbeiten, wissenschaftlichen Aufsätzen, Dissertationen und Fachbüchern.

Besuchen Sie uns im Internet:

http://www.grin.com/

http://www.facebook.com/grincom

http://www.twitter.com/grin_com

-Universität Erfurt-

Historisches Seminar

Modul E04

Gemeinwesen, Gesellschaft und Religion in der römischen Republik

Wintersemester 2011/12

Analyse des Buches

„Die Römische Republik" von Michael Crawford

Ronny Müller

Bachelor Geschichtswissenschaft

3. Semester

Inhaltsverzeichnis

1. Einleitung

Die Geschichtsschreibung formt sich aus diversen Epochen. Diese Epochen reihen sich seit Anbeginn der Zeit aneinander und fügen sich so zu einem Gesamtbild zusammen. Jede Epoche besitzt demzufolge eigenständige Merkmale und differenziert sich durch diese von den anderen Epochen. Gewissermaßen erschafft sich jede Epoche dadurch ein individuelles Erscheinungsbild, das je nach Blickwinkel des Betrachters entweder positiv oder negativ in Erscheinung tritt. Aus diesem Grund symbolisiert jede Epoche einen Teil der historischen Gesamtheit. Genau diesen symbolischen Wert versucht nun Michael Crawford in seinem Buch für den Leser zu erschließen, indem er verschiedene Quellen zu bestimmten Abschnitten innerhalb der Epoche der römischen Republik untersucht. Erschwerender weise halten sich jedoch die Quellen zur Antike in Grenzen, d.h. diese sind nur in geringem Maße verfügbar. Die Aufgabe des Historikers ist es nun das ganze Puzzle, das jeweils die Gesamtheit einer ganzen Epoche verkörpert, so zusammenzusetzen, so dass fehlende Puzzleteile kompensiert werden können, anhand der Deutung der vorhanden Puzzleteile. Demzufolge sollte der Leser, der sich über das jeweilige Sachgebiet informieren möchte dazu in der Lage sein, sich sein eigenes Bild zu kreieren, um persönlich Stellung dazu nehmen zu können.

Crawford betrachtet die römische Republik in chronologischer Vorgehensweise, unter spezifisch ausgewählten Aspekten. Diese Aspekte sind *libertas* (Freiheit), *civitas* (Bürgerschaft), *dignitas* (Ansehen, Würde), *auctoritas* (Einfluss) und *mos maiorum* (Sitten der Vorfahren). An diesen Aspekten versucht er seine vorher festgelegten Leitmotive zu veranschaulichen, so dass er anhand dieser Richtlinien die determinierten Leitgedanken, mit der Hilfe von ausgewähltem Quellenmaterial untersuchen kann.[1]

Die Zielsetzung dieser Buchbesprechung ist es die inhaltlichen Schwerpunkte dieses Werkes zu ergründen und festzustellen, ob es Crawford tatsächlich gelungen ist ein Überblickswerk für Studenten und Schüler zu schaffen, dass jedem einen generellen Einblick in die Geschichte der römischen Republik verschafft.

---

[1] Günther, R.: *Michael Crawford: Die römische Republik.* Deutscher Taschenbuchverlag, München 1984, 252 S., in: Zeitschrift für Geschichtswissenschaft, 32. Jahrgang, Heft 7, Berlin 1984. S. 1130.

3

2. Michael Crawford - Die römische Republik

Im März 1984 wurde das Buch „Die römische Republik" im Deutschen Taschenbuchverlag München veröffentlicht. Die Lektüre ist eine Übersetzung des 1978 veröffentlichten Werkes „The Roman Republic". Außerdem handelt es sich um eine überarbeitete Version des 1978 publizierten Werkes. Der Autor Michael Crawford offeriert dem Leser ein Überblickswerk über die grundlegenden Jahrhunderte der römischen Vergangenheit. Crawford selbst ist ein angesehener Althistoriker. Vor der Publikation seines Buches war dieser größtenteils bekannt geworden durch Veröffentlichungen über die Wissenschaften der Numismatik und Ausarbeitungen zu historischen Quellen der Antike. [2]

Crawford schildert in seinem Vorwort, das es sein Anliegen ist, den Leser auf den neusten Stand der Forschungsergebnisse zu bringen, da sich die Kenntnislage der Historiker durch neue Feststellungen modifiziert hätte. Er weist zudem daraufhin das die Quellenlage zu diesem Forschungsgebiet nur sehr marginal ist. Deshalb ist es für den Leser bzw. Forscher eine Notwendigkeit seine Interpretationsfähigkeiten anzuwenden, um aus dem vorhandenen Material die notwendigen Schlüsse ziehen zu können. Der Autor bemüht sich aus diesem Grund sein Buch so zu strukturieren, das sein Hauptaugenmerk darauf liegt, essentielles Material zu dem jeweiligen Zeitabschnitt zu separieren und dieses dann als Grundlage für seine Ausführungen zu verwenden. Das Material dient darüber hinaus noch als Impuls für den Leser, dem beiliegenden Sachverhalt selbst einen eigentümlichen Sinn zu verleihen, der sich eventuell von der Betrachtungsweise des Autors unterscheidet. [3]

2.1 Gliederung und ausgewählte inhaltliche Schwerpunkte des Buches

Das Bestreben von Crawford eine Gesamtübersicht über die Geschichte der römischen Republik zu schaffen ist sehr wertvoll, vor allem für diejenigen, die auf diesem Sachgebiet nur über geringe Kenntnisse verfügen und ihren Wissensstand über diese interessante Periode der antiken Geschichte erweitern möchten. Die Schwierigkeit für den Autor bestand allerdings darin, dass ein erheblicher Zeitraum erfasst werden musste. Crawford arbeitet jenen Zeitraum in 17 kompakten Kapiteln in seinem Buch ab. Der Leser

---

[2] Günther R.: Berlin 1984,S. 1130.

[3] Crawford M., *Die römische Republik*, München 1984, S. 5.

wird bereits frühzeitig im Vorwort von Michael Crawford davon in Kenntnis gesetzt, dass bei der Betrachtung bestimmter geschichtlicher Begebenheiten (Quellenmaterial) Differenzen zu Tage treten können, im Rahmen der wissenschaftlichen Diskussion unter den Historikern. Diese Polemik ist entweder gewollt oder ungewollt, dessen ungeachtet repräsentiert sie aber dennoch eine nicht unwesentliche Komponente in der Historie der römischen Republik. Eine weitere Facette bei der Erforschung jener Quellen bildet das Vorhandensein des Materials generell. Denn dieses ist nur sehr bruchstückhaft gegeben und macht es folglich sehr beschwerlich für den Historiker das vorhandene Material zu entschlüsseln, denn oft spiegelt das Material nur die Sichtweise der Römer selbst wieder, was eine objektive Begutachtung der Quellen sehr mühselig macht, für denjenigen, der sich damit auseinanderzusetzen hat. [4]

Zu Beginn stellt er die Quellen und die damit verbunden Anfänge in der Geschichtsschreibung Roms in den Mittelpunkt. Das Ziel Roms war es sich ein charakteristisches Traditionsbewusstsein zu schaffen, welches die an Rom angrenzenden Staaten bereits besaßen. Crawford thematisiert in diesem Zusammenhang die ersten römischen Geschichtsschreiber, wie beispielsweise Q. Fabius Pictor und Cn. Naevius, denen sich zahlreiche weitere Geschichtsforscher anschlossen. Deren Werke sind heute jedoch nur noch in Fragmenten vorhanden. Weitere wichtige Überlieferungen übermittelten die Geschichtsschreiber aus Griechenland, da diese als Beobachter Roms von außen fungierten. [5] Der erste bedeutende griechische Historiker war Timaios. Dieser verfasste Erzählungen über die anfängliche Geschichte Roms und den Pyrrhischen Krieg, außerdem führte er Befragungen im Volk durch. [6]

Dieser Beschreibung der Quellen folgt das Kapitel Italien und Rom, welches schwerpunktmäßig dazu dient die Nicht- römischen Völker Italiens vorzustellen. Dementsprechend beleuchtet Crawford die Volksgruppen der Samniten, der Griechen und der Etrusker. Letztere waren maßgebend für die Expansion der noch jungen Republik, da diese Schnittstellen zu anderen Gebieten im Mittelmeerraum verkörperten. [7] Kapitel drei widmet sich daraufhin den römischen Führungsschichten und den Überresten aus der Zeit des Königtums, wie zum Beispiel dem Amt des *interrex,* das nach der Zeit der Monarchie erhalten blieb und demjenigen, der es innehatte die Macht über Rom verlieh. Desweiteren schildert er den Übergang vom Königtum zu zwei Konsuln, die stattdessen

---

[4] Crawford M., *Die römische Republik*, München 1984, S. 9,10.
[5] Ebd., S. 13.
[6] Ebd., S. 14.
[7] Ebd., S. 25-28.

an der Spitze der Republik standen. Diese wurden für eine Amtszeit von einem Jahr gewählt von einer Versammlung, die aus „erwachsenen Männern" bestand, die der Senat, welcher sich aus ehemaligen Magistraten zusammensetzte, beratend unterstützte. Über Erfolg oder Misserfolg eines Konsuls entschieden meist der Ausgang von Schlachten und die sich anschließenden Triumphzüge. Anschließend versucht Crawford in diesem Kapitel die römische Nobilität zu charakterisieren. Er beschreibt grob die Anfänge dieser Schicht, die überwiegend geprägt waren von den Patriziern bis hin zu den Bemühungen der Plebejer-Familien eine gemischte Nobilität zu schaffen, die aus Patriziern und Plebejern bestand. Dies sollte im Jahr 342 geschehen, als erstmals die Plebejer die Möglichkeit hatten das Amt des Konsuls auszuüben. [8] Darüber hinaus bezieht er Stellung zu der Bezeichnung *consilium,* die das Prinzip des römischen Gemeinwesens, beratend zu handeln, prägte. Dies bedeutete keine Entscheidungen zu fällen ohne vorher darüber in einer auserwählten Gruppe darüber zu diskutieren. Zusätzlich wird der Senat erläutert bzw. dessen beratende Rolle bei Erlassung von Gesetzen. Desweiteren werden die Bezeichnung *clientela* (Form der Abhängigkeit) erläutert, sowie die Bedeutung der Wahlen und deren Abhängigkeit von den unteren Schichten, immerhin bestanden die römischen Wählerschaften der frühen und mittleren Republik vorwiegend aus Bauern. [9] Die Eroberung Italiens wird in Kapitel Nummer vier in den Vordergrund gestellt, dabei geht Crawford zunächst auf die Expansion Roms ein, dass sich von einer Reihe latinischer Städte abgrenzte und sich die Herrschaft über ganz Italien schrittweise zu eigen machte. In diesem Zusammenhang begibt sich Crawford auf die Suche nach Gründen für die Triumphe Roms und kommt zu dem Schluss, dass vor allem dessen „allgemeine Großzügigkeit", die „Flexibilität" sich die restlichen Teile Italiens einzuverleiben und die dadurch neu gewonnene militärische Leistungsfähigkeit, ausschlaggebend waren für die Erfolge Roms. [10] Nach der Eroberung Italiens wird in Kapitel fünf geschildert wie es Rom gelang den Mittelmeerraum zu beherrschen, um sich anschließend in Kapitel sechs der Eroberung des Ostens, zu widmen. Im Anschluss daran wird in den Kapiteln sieben, acht und neun das neu eroberte Weltreich in den Blickpunkt gestellt. So werden beispielsweise die Auswirkungen des neu errichteten Reiches für die Herrscher und die Beherrschten unter die Lupe genommen, aber auch Rom als Weltmacht und dessen Standpunkte zu ausgewählten Schwerpunkten werden untersucht. Der Fokus liegt dabei auf der Einstellung Roms zur griechischen Kultur,

---

[8] Crawford M., *Die römische Republik*, München 1984, S. 31-34.
[9] Ebd., S. 39.
[10] Ebd., S .46.

der Hellenisierung der römischen Oligarchie, sowie auf den Gebieten Makedoniens, dem griechischen Osten, als auch auf Karthago und Spanien. So ist es nicht verwunderlich das das Römische Reich und vor allem dessen Spitze der Gesellschaft mehr und mehr an Selbstsicherheit erlangte. Die römische Elite nahm sich der griechischen Welt und deren Reichtümern vermehrt an und führte einen ebenso erhabenen und anspruchsvollen Lebensstil. Die Ausgewogenheit im Inneren der Führungsschicht geriet folglich verstärkt ins Wanken und schürte den Konkurrenzkampf der Aristokraten untereinander. Besonders strebsame Aristokraten erfuhren durch ihr Engagement im Ausland beispielsweise eine höhere Wertschätzung. [11] Im Jahre 133 v.Chr. setzte mit der Ermordung des Tiberius Gracchus und dem Scheitern seiner Reformen eine stetige Entwicklung ein, die Rom letzten Endes in die Gesetzlosigkeit und in die Römischen Bürgerkriege trieb. [12] So befasst sich Crawford anschließend mit den Themenstellungen Bevölkerungsrückgang, Soldatenmangel, Landwirtschaft und Sklavenarbeit. Der Einsatz von Sklaven nahm mehr und mehr zu, während die Bauern Roms vermehrt unter Arbeitslosigkeit und Ausbeutung durch die Aristokratie zu leiden hatten. [13] Kapitel zehn „Reform und Revolution" stellt das Ackergesetz des Tiberius Gracchus in den Fokus und erörtert offene Probleme, die sich für die Römische Republik herauskristallisierten. Kapitel elf beschäftigt sich mit dem Verhältnis Roms zu Italien, vorwiegend aber setzt es sich mit der Person und dem Wirken des C. Gracchus auseinander, der das politische Erbe seines verstorbenen älteren Bruders T. Gracchus antrat. Das folgende Kapitel „Ende des Konsens" behandelt die entstanden Zwistigkeiten innerhalb der römischen Oligarchie und schildert den Zusammenbruch der Eintracht, die Italien einst unter römischer Führung einigte. Im Anschluss daran folgt das Kapitel „Der Umbruch", welches sich vor allem mit dem Wirken und der Politik Sullas beschäftigt. Dieser machte es sich zur Pflicht, auf seinem Marsch gegen Rom, im Jahre 88, Wiederstand gegen die „Tyrannen" in Rom zu leisten. [14] Die Kapitel 14 und 15 beschreiben den Niedergang der Römischen Republik bis hin zur Alleinherrschaft Caesars. Den Abschluss des Werkes von Michael Crawford bilden die Kapitel „Ausblick" und „Exkurse".

---

[11] Crawford M., *Die römische Republik*, München 1984, S. 84.
[12] Ebd., S. 113.
[13] Ebd., S. 123.
[14] Ebd., S. 159.

7

3. Fazit

Ist es Crawford nun tatsächlich gelungen, ein Überblickswerk, über die Römische Republik, zu erschaffen, das den hohen Erwartungen seiner vorherigen Werke entsprechen kann? Die meisten Kritiker beantworten diese Frage mit einem nein, wie beispielsweise Stanley M. Burstein in seiner Rezension über die Römische Republik. Darin macht er den Leser darauf aufmerksam, dass die sehr hohen Erwartungen an das Buch nicht erfüllt werden können. Deshalb könne das Buch auch nicht als ein solides Nachschlagewerk für Pädagogen oder Studenten verwendet werden, nicht für die Geschichte des Republikanischen Roms. Der Versuch ein Werk zu kreieren, das sowohl ein interpretierendes Essay, als auch ein Einführungswerk in die Historie der Römischen Republik darstellen soll, ist nach seinem Gutachten gescheitert. Die sehr verdichteten Zusammenfassungen wechseln sich ab mit ausgedehnten Zitaten aus der Quellensammlung bzw. den interpretierenden Textabschnitten. Dies erfolgt aber auf eine Art und Weise, die den Leser eher irritiert anstatt diesem den Sachverhalt verständlich beizubringen. Im Großen und Ganzen macht Burstein deutlich, dass sich das Buch bei seiner Erstausgabe im Jahr 1978 noch nicht auf dem Niveau befindet, eine umfassende Einführung in die Thematik bieten zu können. [15]

Gleichermaßen verhält es sich mit der Erstausgabe in Deutschland, die 1984 veröffentlicht wurde. Das Buch bietet einen guten Zugriff auf die Maßgeblichkeit der verschiedenartigen Interessenkonflikte innerhalb der sozialen Schichten und ist auf sprachlicher Ebene für den Leser sehr simpel und gut verständlich gehalten. Jedoch wirken die Zeitsprünge, die im Verlauf des Buches immer wieder auftreten, auf den Leser sehr irritierend, so dass es für diesen schwierig ist, sich innerhalb der einzelnen Kapitel zurechtzufinden, trotz der Zeittafel am Ende des Buches.

Außerdem ist es für den Leser selbst oft schwierig zu unterscheiden, ob es nun der „moderne" Autor ist, der über die jeweilige Redewendung erzählt oder ob es sich um den antiken Autor handelt, der über den jeweiligen Sachverhalt berichtet. Die Zitate dienen meistens dazu die Meinung des Autors und die der Antiken Verfasser auf eine Ebene zu stellen und diese zu bestätigen. Die zahlreichen Zitate antiker Autoren und Persönlichkeiten beleben die Erzählung und verleihen den Argumenten von Crawford ihre Glaubwürdigkeit. Die Schwierigkeit für den Leser besteht darin, die Zitate nicht nur

---

[15] Burstein, Stanley, M.: Review: *The Roman Republic*, by Michael Crawford, in: The History Teacher, Vol. 12, No. 4, California State University, Los Angeles 1979, S. 573.

sichtlich von der Erzählung des Autors zu trennen, sondern auch inhaltlich. Das erschwert es demjenigen, der das Buch liest zunehmend die wesentlichen Kernaussagen, während des Lesevorgangs herauszufiltern. Man betrachte nur solch einen scharfen Beobachter des römischen Milieus wie beispielsweise Polybios, dieser würde die unvoreingenommene Sicht des Autors mit großer Sicherheit teilen und diesem in seiner Argumentation aller Voraussicht nach zustimmen. Der gegenwärtige Kritiker wird bei der genaueren Überprüfung des Werkes aber gleichwohl in Erfahrung bringen, dass Crawford mehrheitlich dieselbe Meinung vertritt, wie auch der antike Autor für sich selbst. Ob diese Meinung jedoch der Wahrheit entspricht ist aufgrund der Polemik des Quellenmaterials zur Römischen Republik eine andere Frage.[16]

---

[16] Linderski, J.: Review: *The Roman Republic*, by Michael Crawford, in Classical Philology, Vol. 77, No. 2, University of North Carolina, Chapel Hill 1982, S. 174-178.

4. Literaturverzeichnis:

Burstein, Stanley, M.: Review: *The Roman Republic*, by Michael Crawford, in: The History Teacher, Vol. 12, No. 4, California State University, Los Angeles 1979.

Crawford M., *Die römische Republik*, München 1984.

Günther, R.: *Michael Crawford: Die römische Republik.* Deutscher Taschenbuchverlag, München 1984, 252 S., in: Zeitschrift für Geschichtswissenschaft, 32. Jahrgang, Heft 7, Berlin 1984.

Linderski, J.: Review: *The Roman Republic*, by Michael Crawford, in Classical Philology, Vol. 77, No. 2, University of North Carolina, Chapel Hill 1982.